Manual de Acordes para Guitarra

Editor del Proyecto: Felipe Orozco
Fotografía por Randall Wallace
Diseño gráfico por Mark Bridges

Copyright © 2005 por Amsco Publications,
Una Division of Music Sales Corporation, Nueva York

Número de Pedido. AM981904
International Standard Book Number: 0.8256.3349.4

Distribuidores Exclusivos:
Music Sales Corporation
257 Park Avenue South, New York, NY 10010 USA
Music Sales Limited
8/9 Frith Street, London W1D 3JB England
Music Sales Pty. Limited
120 Rothschild Street, Rosebery, Sydney, NSW 2018, Australia

*Impreso en los Estados Unidos de America por
Vicks Lithograph and Printing Corporation*

Amsco Publications
una compañía del **Music Sales** *Group*
NEW YORK/LONDON/PARIS/SYDNEY/COPENHAGEN/MADRID

Índice

Los cuadros que se usan para ilustrar los acordes son muy fáciles de leer. Cada cuadro muestra una porción del diapasón de la guitarra. Las líneas verticales representan las cuerdas de la guitarra, las más gruesas ubicadas a la izquierda y las más delgadas a la derecha. Las líneas horizontales representan los trastes. La cejuela de la guitarra se representa con una línea horizontal gruesa en la parte superior del diagrama. Los circulos que aparecen en los diagramas ilustran dónde deberá de poner sus dedos. Una ✖ arriba de la cejuela indica que esa cuerda que no se debe tocar. Un ○ arriba de la cejuela indica que esa cuerda se debe de tocar al aire. Los circulos pequeños representan las notas opcionales.

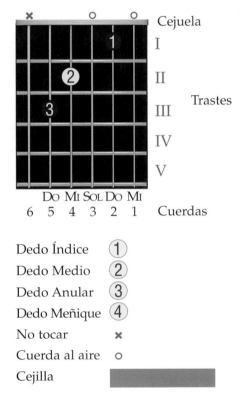

Dedo Índice	①
Dedo Medio	②
Dedo Anular	③
Dedo Meñique	④
No tocar	✖
Cuerda al aire	○
Cejilla	

El *Manual de Acordes para Guitarra* agrupa los acordes en una nueva forma que facilita su búsqueda y aprendizaje. Los acordes se encuentran agrupados por relaciones tonales. De esta manera, los acordes que comúnmente aparecen juntos en una pieza musical se encuentran en la misma sección. A simple vista se puede entender como se relacionan entre sí.

Los diagramas indican la posición de la tónica y la digitación sugerida para cada acorde. También se incluye una sección de acordes movibles.

C

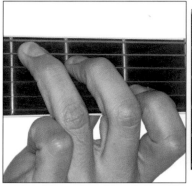 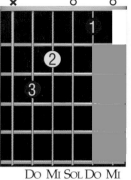

DO MI SOL DO MI

Cmaj7

 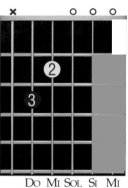

DO MI SOL SI MI

C6

 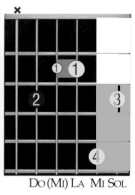

DO (MI) LA MI SOL

Csus4

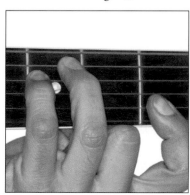 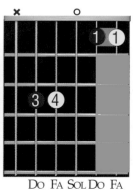

DO FA SOL DO FA

Dm

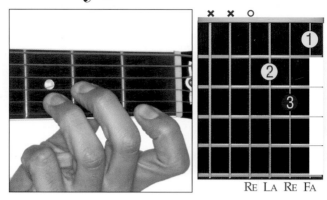

RE LA RE FA

Em

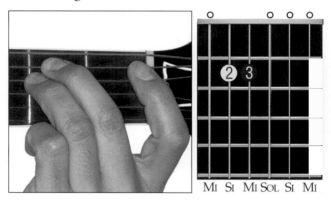

MI SI MI SOL SI MI

F

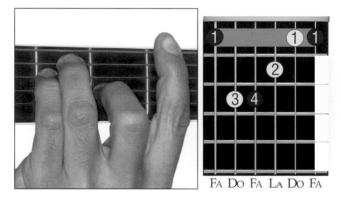

FA DO FA LA DO FA

G

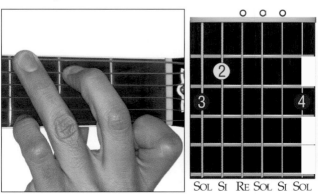

SOL SI RE SOL SI SOL

Am

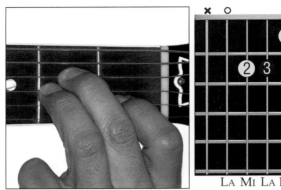

La Mi La Do Mi

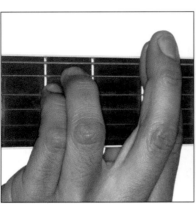

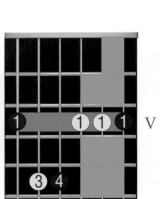

V

La Mi La Do Mi La

Am7

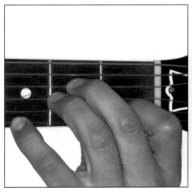

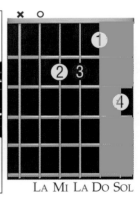

La Mi La Do Sol

Am6

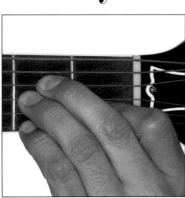

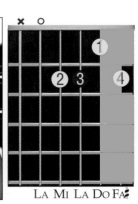

La Mi La Do Fa♯

E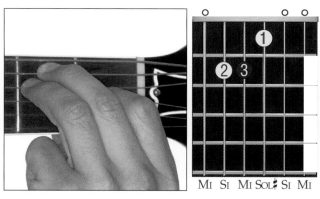

MI SI MI SOL# SI MI

E7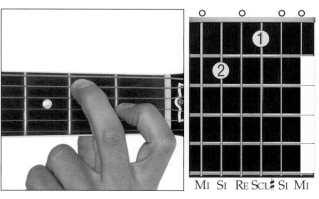

MI SI RE SOL# SI MI

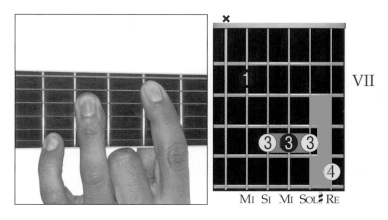

VII

MI SI MI SOL# RE

E9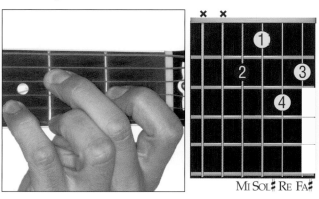

MI SOL# RE FA#

para canciones en el tono de

SOL

G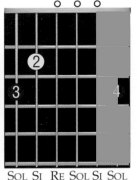

SOL SI RE SOL SI SOL

Gmaj7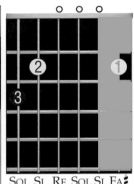

SOL SI RE SOL SI FA#

G6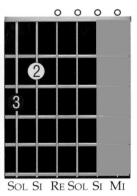

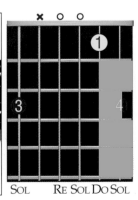

SOL SI RE SOL SI MI

Gsus4

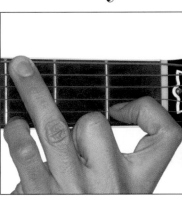

SOL RE SOL DO SOL

Am

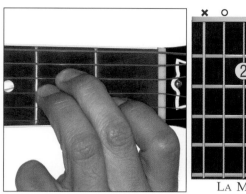

LA MI LA DO MI

Bm

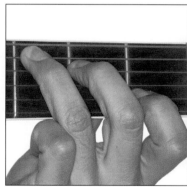

(FA♯) SI FA♯ SI RE FA♯

C

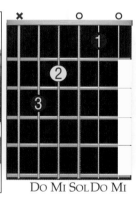

DO MI SOL DO MI

D

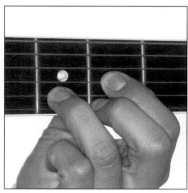

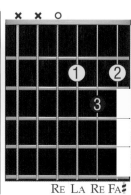

RE LA RE FA♯

Em

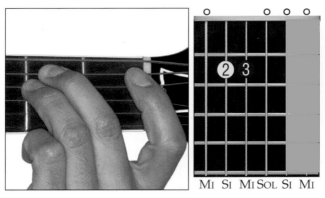

Mɪ Sɪ Mɪ Sᴏʟ Sɪ Mɪ

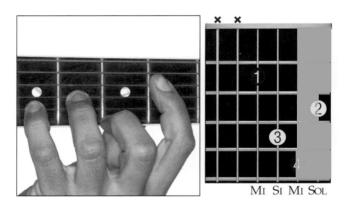

Mɪ Sɪ Mɪ Sᴏʟ

Em7

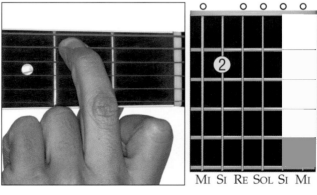

Mɪ Sɪ Rᴇ Sᴏʟ Sɪ Mɪ

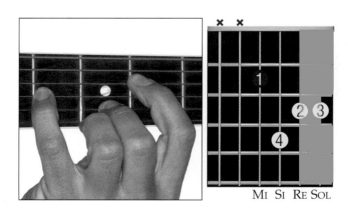

Mɪ Sɪ Rᴇ Sᴏʟ

B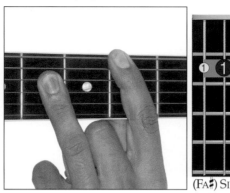

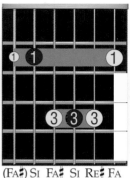

(FA♯) SI FA♯ SI RE♯ FA

B7

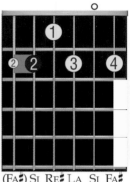

(FA♯) SI RE♯ LA SI FA♯

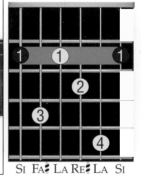

VII

SI FA♯ LA RE♯ LA SI

B9

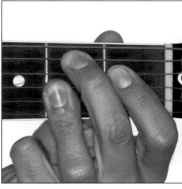

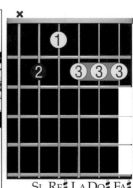

SI RE♯ LA DO♯ FA♯

D

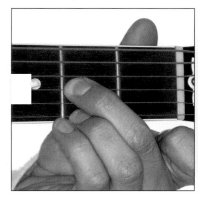

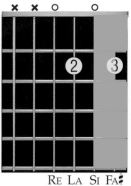

RE LA RE FA#

Dmaj7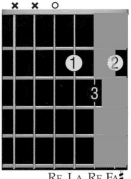

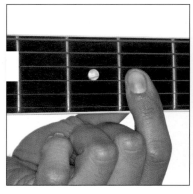

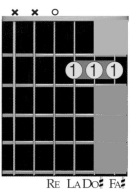

RE LA DO# FA#

D6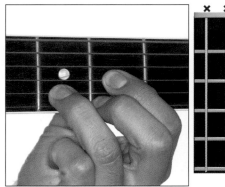

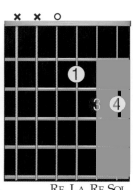

RE LA SI FA#

Dsus4

RE LA RE SOL

Em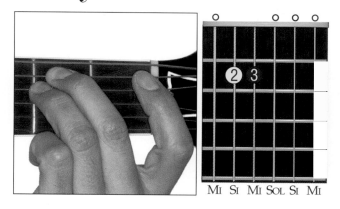

MI SI MI SOL SI MI

F#m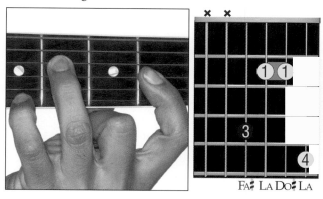

FA# LA DO# LA

G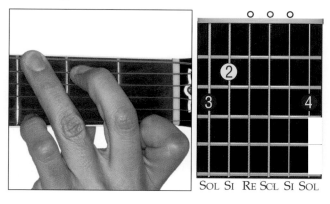

SOL SI RE SOL SI SOL

A

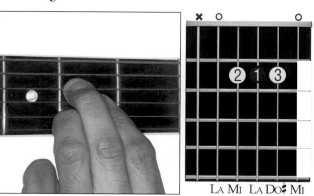

LA MI LA DO# MI

Bm

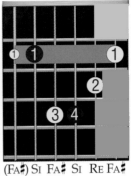

(FA♯) SI FA♯ SI RE FA♯

SI FA♯ SI RE FA♯ SI

VII

Bm7

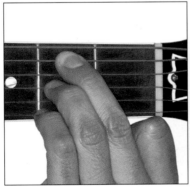

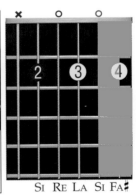

SI RE LA SI FA♯

Bm6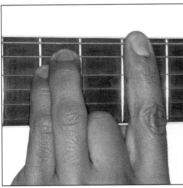

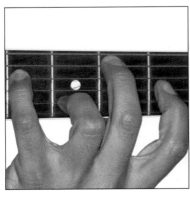

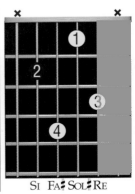

SI FA♯ SOL♯ RE

F♯

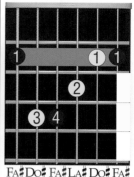

FA♯ DO♯ FA♯ LA♯ DO♯ FA♯

F♯7

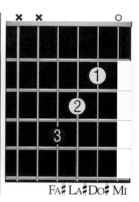

FA♯ LA♯ DO♯ MI

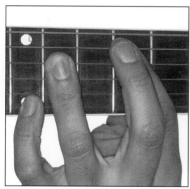

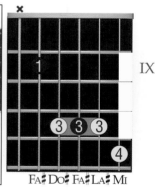

IX

FA♯ DO♯ FA♯ LA♯ MI

F♯9

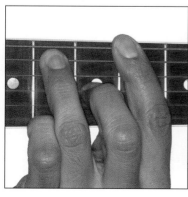

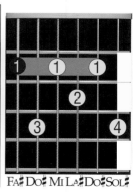

FA♯ DO♯ MI LA♯ DO♯ SOL♯

A

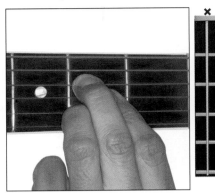

LA MI LA DO# MI

Amaj7

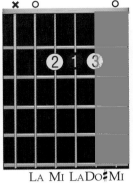

LA MI SOL# DO# MI

A6

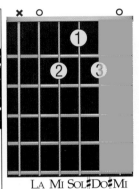

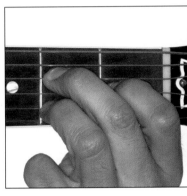

LA MI LA DO# FA#

Asus4

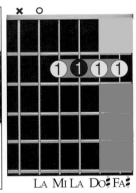

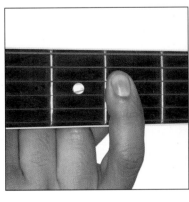

LA MI LA RE LA

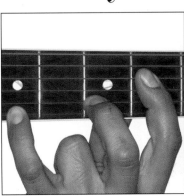

LA MI LA RE LA

Bm

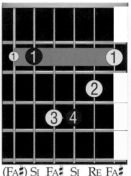

(Fa#) Si Fa# Si Re Fa#

C#m

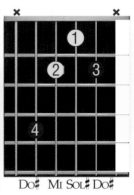

Do# Mi Sol# Do#

D

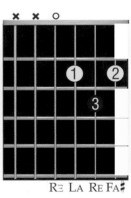

Re La Re Fa#

E

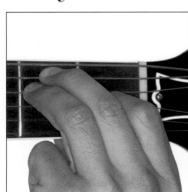

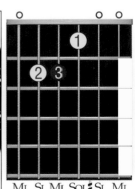

Mi Si Mi Sol# Si Mi

F#m

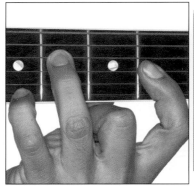

FA# LA DO# LA

F#m7

FA# MI LA DO#

C#

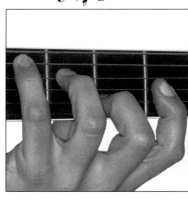

DO#MI#SOL#DO#MI#

C#7

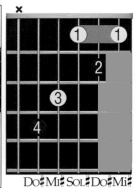

SOL#(DO#)MI#SI DO#

E

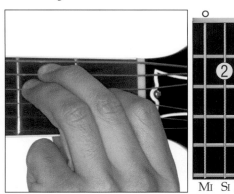
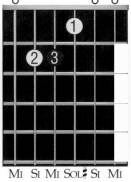

Mɪ Sɪ Mɪ Soʟ♯ Sɪ Mɪ

Emaj7

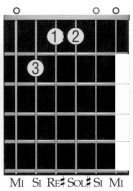

Mɪ Sɪ Rᴇ♯ Soʟ♯ Sɪ Mɪ

E6

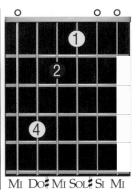

Mɪ Do♯ Mɪ Soʟ♯ Sɪ Mɪ

Esus4

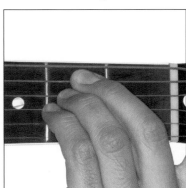

Mɪ Sɪ Mɪ Lᴀ Sɪ Mɪ

F#m

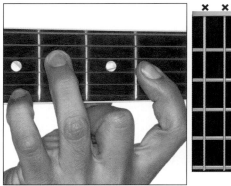

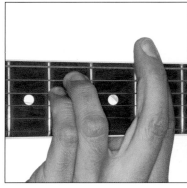

Fa# La Do# La

G#m

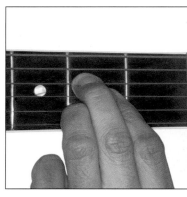

IV

Sol# Re# Sol# Si Re# Sol#

A

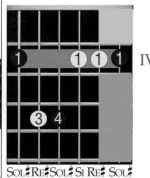

La Mi La Do# Mi

B

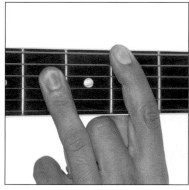

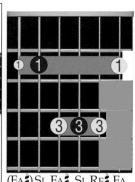

(Fa#) Si Fa# Si Re# Fa

C#m

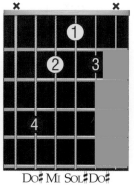

Do# Mi Sol# Do#

C#m7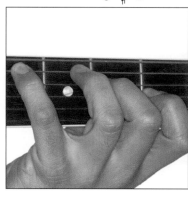

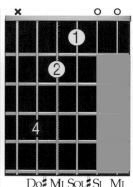

Do# Mi Sol# Si Mi

G#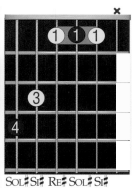

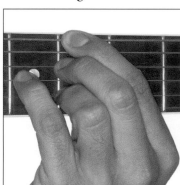

Sol# Si# Re# Sol# Si#

G#7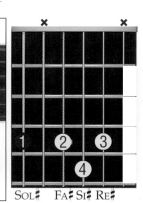

Sol# Fa# Si# Re#

B

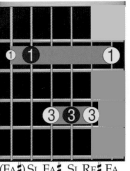

(Fa#) Si Fa# Si Re# Fa

Bmaj7

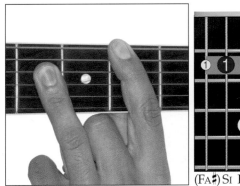

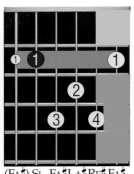

(Fa#) Si Fa#La#Re# Fa#

E

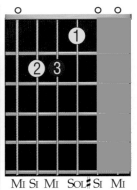

Mi Si Mi Sol#Si Mi

F#

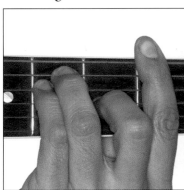

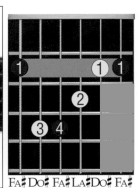

Fa#Do# Fa#La#Do# Fa#

G#m

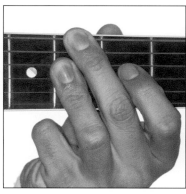

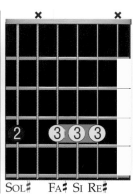

IV

Sol# Re# Sol# Si Re# Sol#

G#m7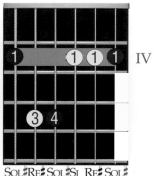

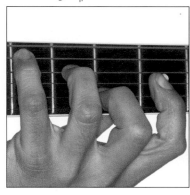

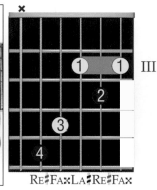

Sol# Fa# Si Re#

D#

III

Re# Fax La# Re# Fax

D#7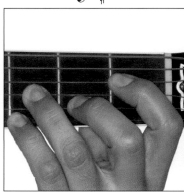

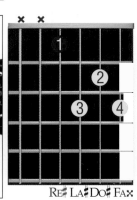

Re# La# Do# Fax

G♭

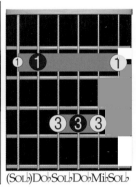

Sol♭ Re♭ Sol♭ Si♭ Re♭ Sol♭

G♭maj7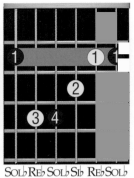

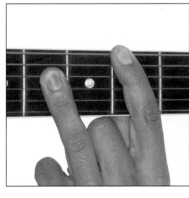

✕ ✕

Sol♭ Si♭ Re♭ Fa

C♭

(Sol♭)Do♭Sol♭Do♭Mi♭Sol♭

D♭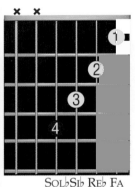

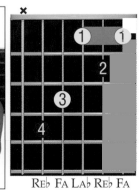

✕

Re♭ Fa La♭ Re♭ Fa

Ebm

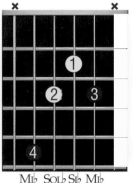

Mib Solb Sib Mib

VI

Ebm6

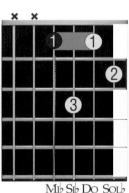

Mib Sib Do Solb

Bb

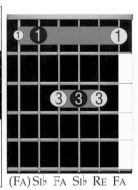

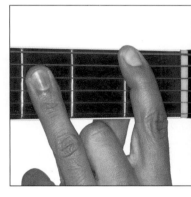

(Fa) Sib Fa Sib Re Fa

Bb7

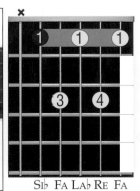

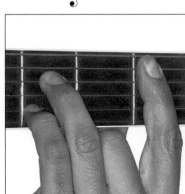

Sib Fa Lab Re Fa

D♭

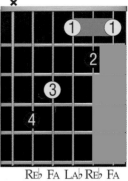

Re♭ Fa La♭ Re♭ Fa

D♭maj7

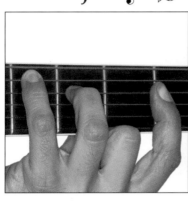

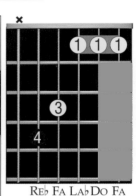

Re♭ Fa La♭ Do Fa

G♭

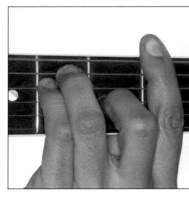

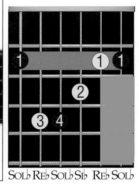

Sol♭ Re♭ Sol♭ Si♭ Re♭ Sol♭

A♭7

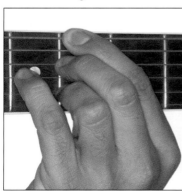

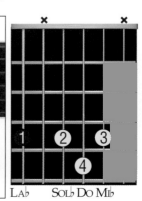

La♭ Sol♭ Do Mi♭

B♭m

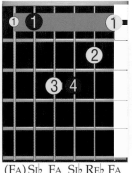

(FA) Sɪ♭ FA Sɪ♭ RE♭ FA

B♭m7

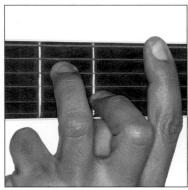

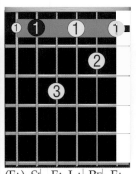

(FA) Sɪ♭ FA LA♭ RE♭ FA

F

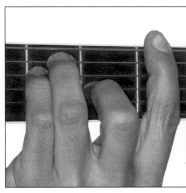

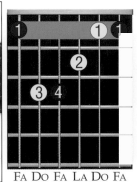

FA DO FA LA DO FA

F7

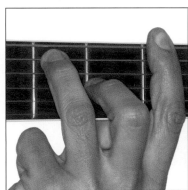

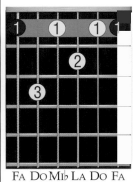

FA DO Mɪ♭ LA DO FA

A♭

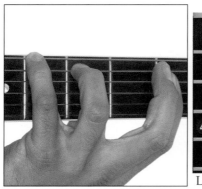

La♭ Do Mi♭ La♭ Do

A♭maj7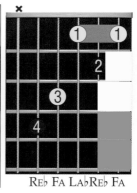

La♭   Sol Do Mi♭

D♭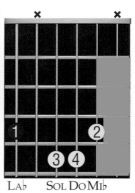

Re♭ Fa La♭ Re♭ Fa

E♭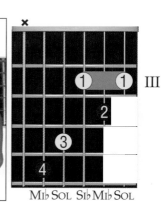

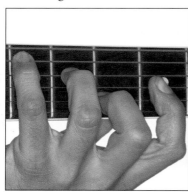

Mi♭ Sol Si♭ Mi♭ Sol

Fm
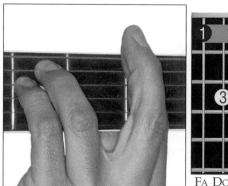

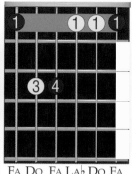

Fa Do Fa Lab Do Fa

Fm7
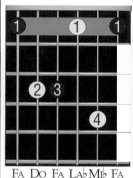

Fa Do Fa Lab Mib Fa

C
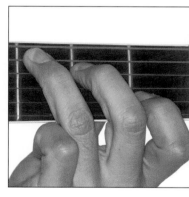

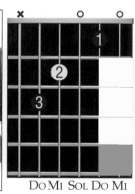

Do Mi Sol Do Mi

C7
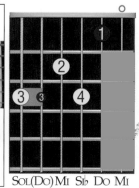

Sol(Do) Mi Sib Do Mi

E♭

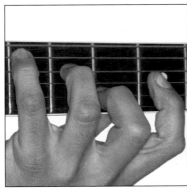

Mi♭ Sol Si♭ Mi♭ Sol

III

E♭maj7

Mi♭ Si♭ Re Sol

A♭

La♭ Do Mi♭ La♭ Do

B♭

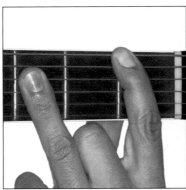

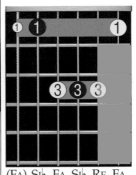

(Fa) Si♭ Fa Si♭ Re Fa

Cm

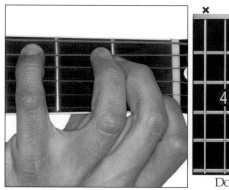

Do Mi♭ Sol Do

Cm7

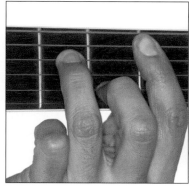
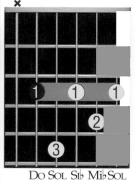

Do Sol Si♭ Mi♭ Sol

G

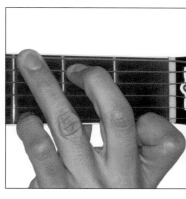
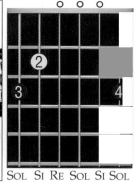

Sol Si Re Sol Si Sol

G7

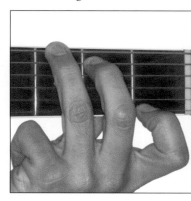
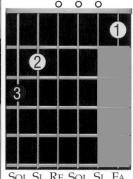

Sol Si Re Sol Si Fa

B♭

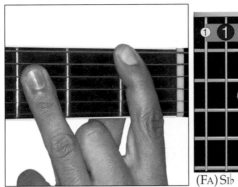

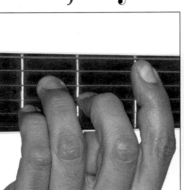

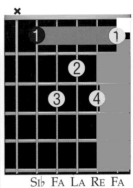

(FA) Si♭ FA Si♭ RE FA

B♭maj7

Si♭ FA LA RE FA

E♭

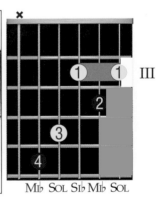

III

Mi♭ SOL Si♭ Mi♭ SOL

F

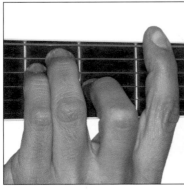

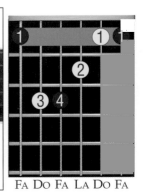

FA DO FA LA DO FA

Gm

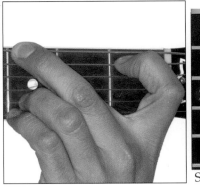

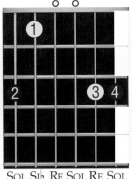

SOL SI♭ RE SOL RE SOL

Gm7

SOL FA SI♭ RE

D

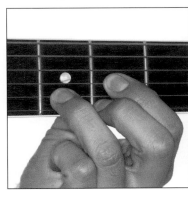

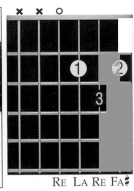

RE LA RE FA#

D7

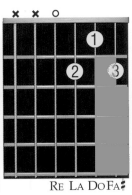

RE LA DO FA#

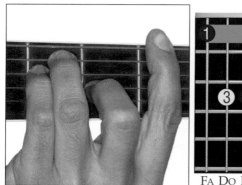

F

FA DO FA LA DO FA

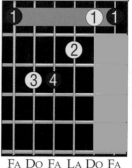

Fmaj7

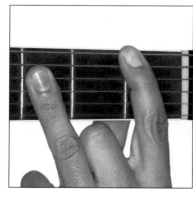

FA LA DO MI

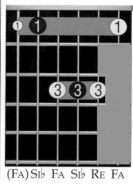

B♭

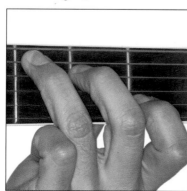

(FA) SI♭ FA SI♭ RE FA

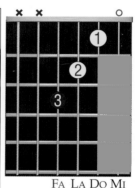

C

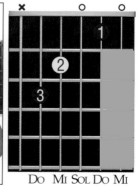

DO MI SOL DO MI

Dm

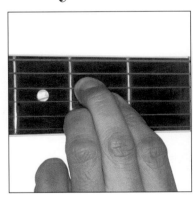

RE LA RE FA

Dm7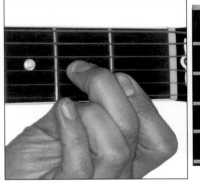

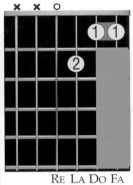

RE LA DO FA

A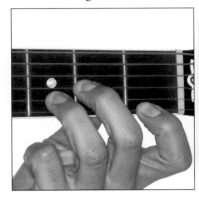

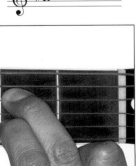

LA MI LA DO# MI

A7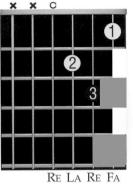

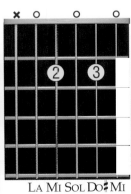

LA MI SOL DO# MI

Mayor

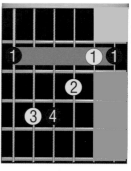

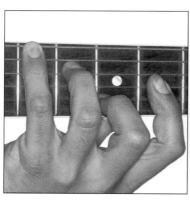
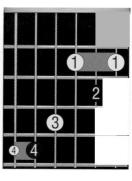

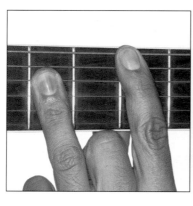
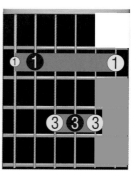

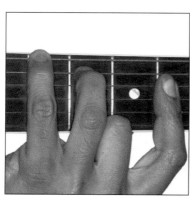
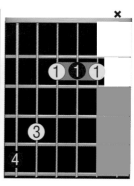

sus4

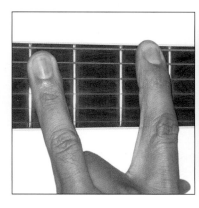

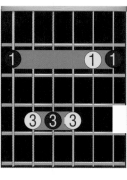

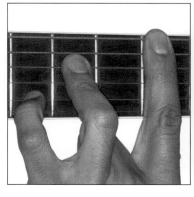

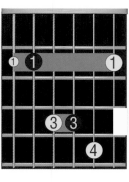

6

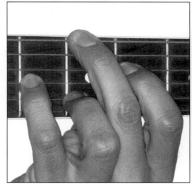

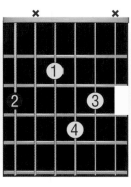

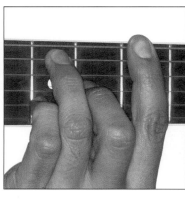

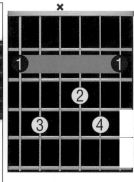

6 (cont.)

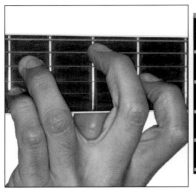
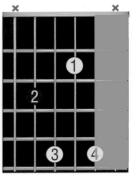

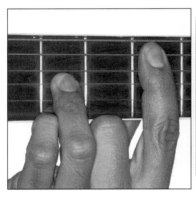
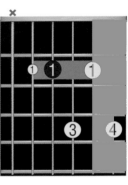

6̷9

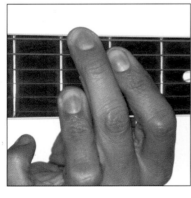
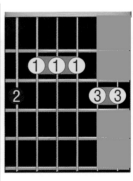

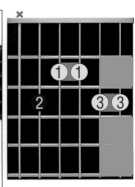

Maj7

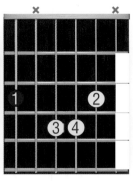

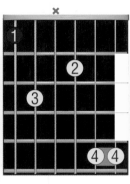

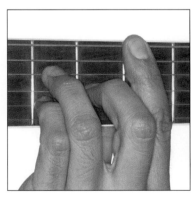
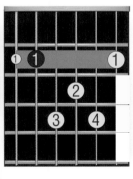

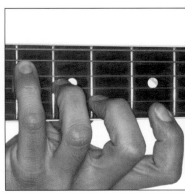
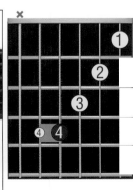

menor

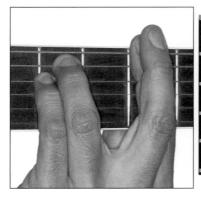
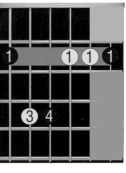

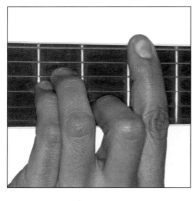
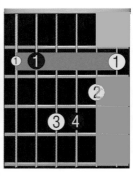

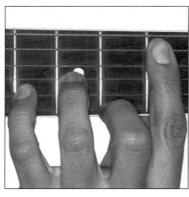
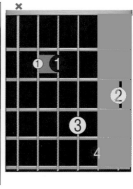

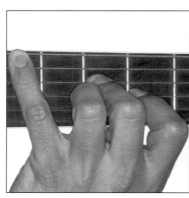
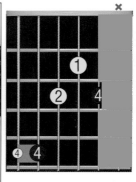

m6

 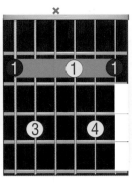

 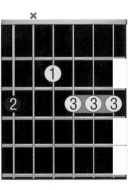

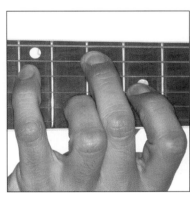 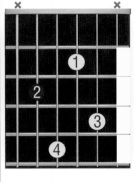

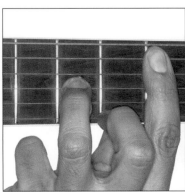 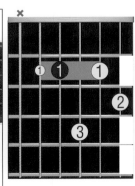

m7

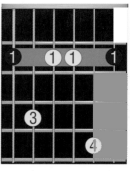

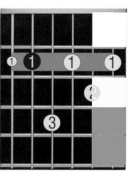

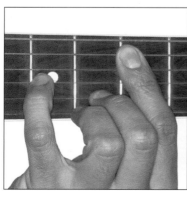
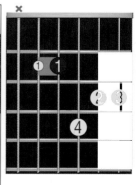

m(maj7)

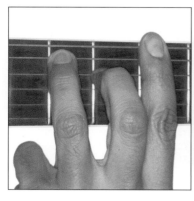 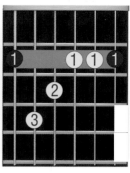

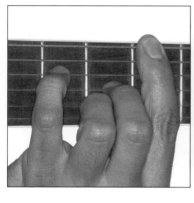 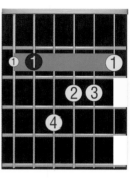

m9

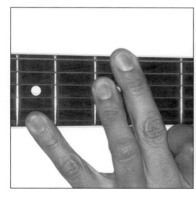 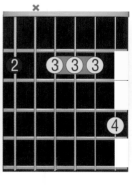

 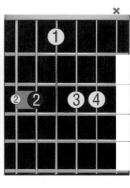

m7♭5

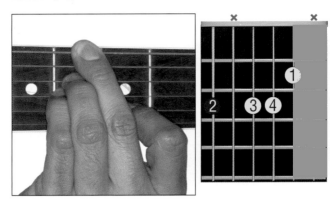

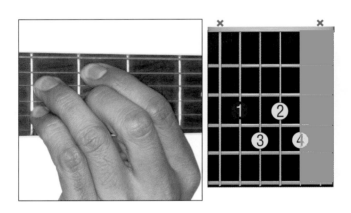

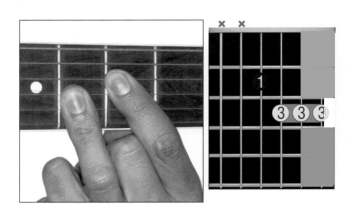

°**7** *

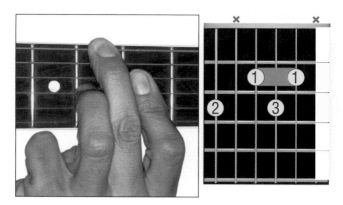

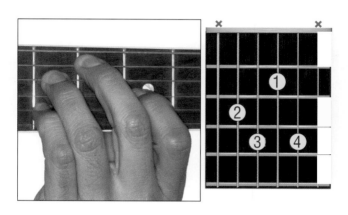

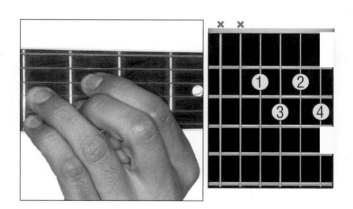

* *Cualquier nota del acorde puede ser la tónica del acorde de °7.*

7

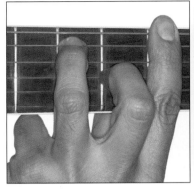 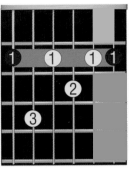

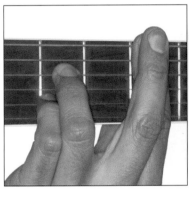 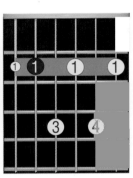

7sus4

 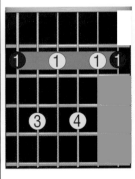

 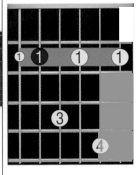

9

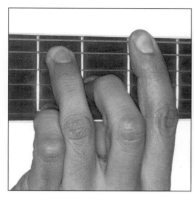
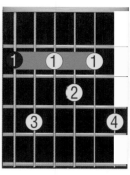

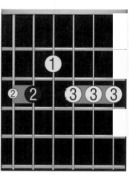

9sus4

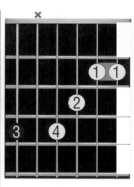

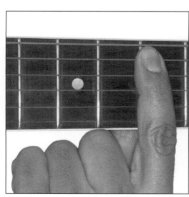

símbolos de los acordes más comunes

Símbolos usados en este libro	Nombre del Acorde	Símbolos Alternativos
Maj	Mayor	M; Major
m	menor	min; –
6	Sexta Mayor	Maj6; M6
m6	sexta menor	min6; –6
6/9	Mayor con sexta y novena	6(add9); Maj6(add9); M6(add9)
maj7	Séptima mayor	M7; Maj7; Δ
7	dominante	
m7	séptima menor	min7; –7
m(maj7)	menor con séptima mayor	m(maj7); min(Maj7); m(+7); –(M7); min(add M7)
m7♭5	semi-disminuido	½dim; ½dim7; Ø7; m7(–5)
°7	séptima disminuida	°; dim; dim7
7+	aumentado con séptima de dom.	+7; 7(♯5); 7(+5)
7♭5	dominante con quinta disminuída	7(–5)
9	novena	7(add9)
maj9	Novena mayor	maj9; Δ(add9); Maj7(add9);M7(add9)
7♭9	dominante con novena menor	7(add♭9); 7–9; –9
m11	oncena menor	min11; min7(add11); m7(add11)
maj7♯11	Séptima mayor con oncena aumentada	(+11); Δ(+11); M7(+11); Δ(♯11); M7(♯11)
13	trecena dominante	7(add13); 7(add6)
maj13	Trecena mayor	Δ(add13); Maj7(add13); M7(add13); M7(add6)
m13	Trecena menor	–13; min7(add13); m7(add13); –7(add13); m7(add6)
sus4	cuarta suspendida	(sus4)
+	aumentado	aug; (♯5); +5

equivalencias enarmónicas

$$A\sharp = B\flat$$
$$B = C\flat$$
$$B\sharp = C$$
$$C\sharp = D\flat$$
$$D\sharp = E\flat$$
$$E = F\flat$$
$$E\sharp = F$$
$$F\sharp = G\flat$$
$$G\sharp = A\flat$$